Made in the USA
Monee, IL
30 October 2022

16855964R00061